Bobby Orr, un joueur en or

Mike Leonetti
Illustrations de Shayne Letain

Texte français de Marie-Carole Daigle

Éditions
SCHOLASTIC

Remerciements
L'auteur tient à remercier Nate Greenberg, Maria Leonetti, Paul Patzkou et Kevin Vautour de leur précieuse aide.
Il a consulté des livres écrits par ces auteurs ou anciens joueurs des Bruins : Hal Bock, Clark Booth, John Devaney,
Craig MacInnis, Mark Mulvoy, Johnny Bucyk, Gerry Cheevers, Phil Esposito, Ted Green, Bobby Orr et Derek
Sanderson.
Il a également consulté les archives des journaux suivants : *Record American, Patriot Ledger, Boston Herald,
Globe and Mail, Toronto Star* et *Toronto Telegram*. Vidéos visionnées : *Boston Garden: Banner Year, 1969-70
Boston Bruins season highlights* et des faits saillants de Bobby Orr. Magazine consulté : *Hockey Digest*.

Catalogage avant publication de Bibliothèque et Archives Canada
Leonetti, Mike, 1958-
[Number four, Bobby Orr!. Français]
Bobby Orr, un joueur en or / Mike Leonetti; illustrations de Shayne Letain;
texte français de Marie-Carole Daigle.
Traduction de : Number Four, Bobby Orr!
ISBN 0-439-95362-6
1. Orr, Bobby, 1948-
--Romans, nouvelles, etc. pour la jeunesse.
I. Letain, Shayne II. Daigle, Marie-Carole III. Titre.
IV. Titre : Number four, Bobby Orr!. Français.
PS8573.E58734N8514 2005   jC813'.54   C2005-903003-8

Édition publiée par les Éditions Scholastic, 175 Hillmount Road, Markham (Ontario) L6C 1Z7,
avec la permission de Raincoast Books.

5 4 3 2 1   Imprimé en Chine   05 06 07 08

À mon frère Frank
et à tous les autres amateurs de ce joueur en or
qu'était Bobby Orr
— M.L.

À ma merveilleuse épouse, Tracey, dont le soutien,
l'enthousiasme et la patience m'ont été des plus précieux
tout au long de la création du livre
— S.L.

Par un samedi matin venteux du début de mars, mon père et moi avons quitté notre maison de la rue Chestnut, à Boston, pour aller à l'aréna municipal de la rue Elm. Le vent nous mordait le visage, mais nous avions tellement l'habitude du froid que nous ne sentions rien. En fait, des maniaques du hockey comme nous auraient marché jusqu'au **bout du monde** pour ne pas manquer un match.

Ce jour-là, mon père venait voir mon équipe, les Bruins, jouer contre les Rangers. Toutes les équipes de la ligue dont je faisais partie portaient le nom d'une équipe de la Ligue nationale de hockey. Moi, je jouais à la défense, et j'adorais **faire des montées** avec la rondelle, tout comme mon joueur préféré, Bobby Orr des Bruins de Boston!

C'était mon père qui avait fait de moi un mordu de hockey. Il **adorait** les Bruins. Quand j'avais à peine cinq ans, il m'avait acheté un jeu de cartes de hockey. La première carte que j'avais vue en ouvrant le paquet avait été celle de Bobby Orr. C'était donc celle-là qui avait été la première carte de hockey de ma vie!

Sur le devant, on voyait Bobby affichant un grand sourire. Au verso, il y avait de l'information sur lui, disant, par exemple, qu'il était né à Parry Sound, en Ontario, et qu'il était un défenseur d'attaque, aussi fort en passes qu'en buts. J'avais décidé, à ce moment-là, que j'allais jouer au hockey et que Bobby Orr serait mon joueur préféré.

À l'école, la plupart de mes amis aimaient surtout des vedettes du basketball, comme John Havlicek des Celtics, ou encore de baseball comme Carl Yazstremski des Red Sox. Mais pour mon père et moi, Bobby Orr et le hockey avaient quelque chose de **très spécial.**

Je me suis mis à collectionner tout ce que je pouvais trouver sur Bobby Orr et les Bruins. J'ai cherché à avoir des cartes d'autres joueurs des Bruins et j'en ai rapidement trouvé d'Eddie Johnston, de Don Awrey et de Ted Green. J'ai aussi trouvé une grande affiche de Bobby, et ma mère m'a acheté un fanion des Bruins, pour que je l'accroche à côté, dans ma chambre. Papa m'a aussi donné une figurine qui hoche la tête, achetée quelques années plus tôt.

Mon père m'a expliqué que les Bruins n'avaient pas eu beaucoup de succès pendant de nombreuses années, mais que l'arrivée de Bobby Orr avait changé le paysage. Cette année, l'équipe pouvait même espérer gagner **la Coupe Stanley!**

Mais revenons à ma partie de hockey contre les Rangers de ce jour-là. Tout se déroulait très bien et nous menions 2 à 1. Je n'étais pas le plus costaud des joueurs, mais j'avais un très bon coup de patin. J'ai même marqué un but à partir de la ligne bleue, avec un **lancer frappé.**

La partie était presque terminée et nous menions toujours, lorsque la rondelle s'est retrouvée derrière notre filet. Je me suis élancé de toutes mes forces pour aller la saisir. Un joueur des Rangers me suivait de très près. Au moment où j'allais m'emparer de la rondelle, j'ai **trébuché** sur un bâton et culbuté contre la bande, derrière le filet.

Ce n'était qu'un accident, bien sûr. N'empêche que j'avais vraiment mal à une jambe. J'ai compris que c'était sérieux quand j'ai vu mon père et mon entraîneur se précipiter vers moi alors que j'étais étendu sur la glace. Ensuite, je crois bien que je me suis évanoui…

J'ignore ce qui s'est passé par la suite. Je me souviens de m'être réveillé à l'hôpital, ma mère assise à mes côtés. Mon père était en train de parler avec un médecin.

— Qu'est-ce qui s'est passé, maman? ai-je demandé.

— Tu t'es blessé à la jambe, et il a fallu t'opérer, a-t-elle répondu en s'efforçant de sourire.

Je me suis alors rendu compte que j'avais une jambe dans le plâtre.

— Est-ce que je peux **rentrer à la maison,** maintenant? ai-je encore demandé.

En m'entendant, mon père et le médecin se sont approchés de moi.

— Tout va bien se passer, Jules, mais le médecin préfère que tu restes ici encore un peu afin de voir si ta jambe guérit bien, a dit mon père.

— Combien de temps? Et quand est-ce qu'on va m'enlever ce plâtre?

— Une chose à la fois, Jules! Je suis le docteur Boutin et je peux t'assurer que tout va bien aller. L'opération s'est très bien passée, mais par mesure de sécurité, nous tenons à te garder encore un peu. D'accord?

À l'hôpital, tout le monde était vraiment gentil avec moi. Mon père et ma mère venaient me visiter tous les jours. J'aurais quand même préféré être à l'école et terminer la saison de hockey avec mes amis. Mon père s'est organisé pour qu'il y ait un téléviseur dans ma chambre. J'ai donc pu regarder les matches des Bruins au canal 38 en écoutant les commentaires de Don Earle.

Les Bruins avaient toute une saison! Bobby Orr était le meneur pour les points dans toute la LNH! Aucun joueur de défense n'avait jamais réalisé un tel exploit. En tout cas, il marquait des buts spectaculaires et faisait des passes fantastiques. Tout le monde pensait que les Bruins avaient de très bonnes chances de remporter la Coupe Stanley.

J'avais envie d'écrire à Bobby Orr depuis longtemps. Comme j'en avais maintenant le temps, j'ai décidé de le faire. Je voulais lui dire combien je l'admirais et le féliciter de jouer aussi bien.

Dans ma lettre, j'ai dit à Bobby qu'il était mon **joueur préféré** et que j'espérais très fort que les Bruins allaient bien faire dans les séries éliminatoires. Je lui ai ensuite demandé de me parler de la position de défenseur et de me donner des conseils, étant donné que je jouais à la défense, moi aussi.

J'ai demandé à mon père s'il pouvait poster la lettre pour moi et s'il pensait que Bobby aurait le temps de me répondre.

— Bien sûr, Jules. Je crois bien que Bobby va te répondre, a dit mon père. Mais rappelle-toi qu'il est sûrement très occupé en ce moment, car les éliminatoires approchent.

Après une semaine, je ne pouvais toujours pas quitter l'hôpital. Je commençais à m'ennuyer beaucoup et j'aurais donné cher pour jouer une **vraie** partie! Mon père avait des billets pour assister au prochain match des Bruins; je le savais et je voulais **vraiment** y aller. Je n'étais encore jamais allé à l'aréna Boston Garden!

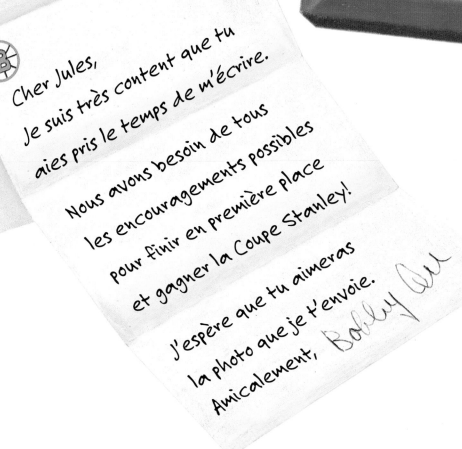

150 Causeway Street
Boston, Mass. 02114

Cher Jules,

Je suis très content que tu aies pris le temps de m'écrire.

Nous avons besoin de tous les encouragements possibles pour finir en première place et gagner la Coupe Stanley!

J'espère que tu aimeras la photo que je t'envoie.
Amicalement, Bobby Orr

Quelques jours plus tard, j'ai reçu une lettre de **Bobby Orr.** Elle était accompagnée d'une photo autographiée. Dans sa lettre, Bobby disait qu'il était très content que j'aie pris le temps de lui écrire. Il ajoutait que les Bruins avaient besoin de tous les encouragements possibles, car ils voulaient vraiment arriver en première place et **gagner** la Coupe Stanley.

— Je suis bien content d'avoir reçu une lettre et une photo de Bobby, ai-je dit à ma mère, mais il ne m'a pas donné de conseils sur le jeu du défenseur.

— Bobby est très occupé en ce moment, et c'est probablement pour ça qu'il n'a pas eu le temps de répondre à toutes tes questions. Je suis sûre qu'il reçoit chaque jour plein de lettres de garçons et de filles de ton âge.

— Tu dois avoir raison. Je vais quand même garder sa lettre et la montrer à mes amis quand je retournerai à l'école. Papa a des billets pour assister au match de ce soir, n'est-ce pas? Est-ce qu'il va y aller?

— Il ne veut pas y aller sans toi, Jules : il avait promis de t'emmener.

— Non, maman! Dis-lui d'y aller et va avec lui. Vous avez passé beaucoup de temps avec moi, ici. Ça vous changera les idées, ai-je dit en me faisant aussi convaincant que possible.

Ce soir-là, mes parents sont allés voir la partie pendant que je la suivais à la télé. Les Bruins ont battu les North Stars du Minnesota 5 à 0. Bobby a marqué deux buts et a eu deux aides. En fait, avec sa 78e aide de l'année, il a établi un nouveau record pour le plus grand nombre d'aides dans une même saison. La foule lui a fait une ovation monstre. Mais l'événement le plus extraordinaire est survenu après la partie, lorsque mes parents sont venus me voir.

— Jules, tu ne devineras jamais ce qui nous est arrivé! s'est exclamé mon père en entrant dans la chambre. Après la partie, nous sommes retournés à la voiture, et je me suis rendu compte que nous avions une crevaison. J'avais du mal à sortir ma roue de secours du coffre lorsqu'un jeune homme a offert de m'aider. Et devine qui c'était?

— Qui? ai-je dit en retenant mon souffle.

— Bobby Orr! Je ne l'ai même pas reconnu : c'est ta mère qui s'en est rendu compte!

— Quand j'ai compris que j'avais Bobby Orr en personne devant moi, je lui ai parlé de toi, a dit ma mère. Je lui ai dit que tu venais de lui écrire. Et tu sais quoi? Il va venir te voir demain après-midi, tout de suite après sa pratique!

Je n'arrivais pas à y croire! J'étais si excité que j'ai eu du mal à fermer l'œil, cette nuit-là.

Comme il l'avait promis, Bobby Orr m'a visité le lendemain.

— Allô, Jules! a-t-il dit en entrant dans ma chambre, sourire aux lèvres. Il paraît que tu t'es blessé en jouant au hockey.

— Ou-oui, ai-je répondu en bégayant, presque incapable de prononcer un mot tellement je n'en **croyais pas** mes yeux!

— Tu sais, je me suis déjà blessé aux deux genoux et je joue quand même, m'a dit Bobby. Alors, j'espère bien que tu joueras encore l'année prochaine.

— C'est sûr que je vais essayer, monsieur Orr. Mais je ne suis pas très grand et en plus, je vais m'inquiéter à cause de ma jambe.

— Jules, quand j'avais ton âge, plein de gens me disaient que j'étais trop petit. Mais ça ne m'a pas arrêté. J'ai subi de nombreuses opérations semblables à celle qu'on t'a faite à la jambe et pourtant, je joue encore.

Bobby m'a alors montré la lettre que je lui avais envoyée.

— Ta mère m'a dit que j'avais oublié de te donner des conseils sur le jeu du défenseur. Je te dirais tout simplement qu'il faut d'abord et avant tout que tu perfectionnes ton coup de patin. Tu dois apprendre à virer dans tous les sens.

Avant de partir, Bobby m'a donné un bâton de hockey portant la signature de tous les joueurs des Bruins. Je savais que c'était un de ses bâtons, parce qu'il n'y avait qu'un rang de ruban noir sur la palette.

— Les Bruins vont-ils remporter la Coupe, monsieur Orr? ai-je demandé à Bobby alors qu'il s'apprêtait à partir.

— Nous pensons avoir de très bonnes chances, Jules, mais ce ne sera pas facile. Continue de nous encourager et surtout, retourne à l'école dès que possible.

— **Oui, monsieur,** ai-je répondu en souriant.

Cette nuit-là, j'ai dormi en serrant le bâton de Bobby Orr contre moi!

J'ai finalement pu quitter l'hôpital et, un peu plus tard, me débarrasser de mon plâtre. Bobby a terminé la saison avec 120 points, plus que tout autre joueur. Les Blackhawks de Chicago sont arrivés au premier rang de la division Est. Mais au début des séries éliminatoires, les Bruins ont battu les Rangers de New York et les Blackhawks! Ils se sont rendus en finale de la Coupe Stanley, où ils devaient affronter les Blues de Saint-Louis.

Les Bruins ont facilement gagné les trois premières parties de la finale et semblaient prêts à remporter aisément la victoire. La quatrième partie avait lieu le dimanche de la fête des Mères, dans l'après-midi. J'avais l'intention de suivre le match à la télé avec mon père, après avoir célébré la fête des Mères. C'est alors qu'un de nos voisins, M. Amico, est passé nous voir. M. Amico était un partisan des Bruins, lui aussi; il avait d'ailleurs collé sur son pare-chocs une affichette disant : « La Coupe aux Bruins! » Il avait aussi un abonnement au hockey, plus précisément de très bonnes places au Boston Garden.

— Dis donc, Jules, aimerais-tu aller voir le match de cet après-midi avec ton père? m'a demandé M. Amico.

— Vous n'y allez pas? lui ai-je répondu, n'en croyant pas mes oreilles.

— Ma mère est venue de loin pour nous rendre visite à l'occasion de la fête des Mères. Ce ne serait pas très gentil de ma part de la laisser. Je vais plutôt regarder le match avec elle, à la télé. Allez-y à ma place, mais ramenez la Coupe!

J'ai couru retrouver mes parents et leur ai expliqué l'histoire. Ma mère nous a souhaité bon match en souriant : elle savait combien cette sortie nous faisait plaisir!

Mon père et moi avons pris le métro jusqu'au Boston Garden. J'ai savouré chaque seconde de ce trajet d'à peine un quart d'heure. Nous avions les sièges 3 et 4 de la rangée A, section 15, juste derrière la vitrine surplombant le banc des Bruins. Évidemment, j'ai choisi le siège **numéro 4,** parce que c'était le numéro du chandail de Bobby!

Plus de 14 000 amateurs de hockey s'entassaient dans le Boston Garden. Il faisait une chaleur épouvantable, mais tout le monde était de bonne humeur. Quelqu'un avait une grande banderole sur laquelle on pouvait lire : « Allez, les Bruins! Gagnez la Coupe ! » Boston n'avait pas gagné la Coupe depuis 29 ans. Tout le monde était très excité et l'atmosphère était électrisante.

Allez, les Bruins! Gagnez la Coupe!

La partie a enfin commencé. Le gardien de but des Bruins, Gerry Cheevers, a d'abord fait un superbe arrêt devant Red Berenson des Blues. Les Bruins ont marqué le premier but lorsque Derek Sanderson a dégagé la rondelle vers le défenseur Rick Smith, qui l'a frappée droit dans le filet des Blues! **Il lance et compte!** Mais les Blues ont réussi à marquer avant la fin de la première période.

Quelques minutes après le début de la deuxième période, les Blues menaient 2 à 1 et ont presque marqué un autre but. La partie était loin d'être gagnée! Heureusement, Phil Esposito, des Bruins, a marqué un but tout de suite après la mise au jeu; c'était 2 à 2. Puis les Blues ont marqué un autre but, dans la première minute de la troisième période. Boston semblait avoir de la difficulté!

Alors qu'il ne restait que six minutes de jeu, un ailier des Bruins, Johnny McKenzie, est allé chercher la rondelle d'une main de maître et l'a passée à Johnny Bucyk. Bucyk l'a lancée en plein dans le but, ce qui a fait passer le pointage à 3 à 3. Personne n'a réussi à marquer de point au cours du reste de la troisième période – pas même Bobby Orr, qui a pourtant essayé, juste avant la fin de la partie, d'envoyer la rondelle à l'autre bout de la patinoire. Sans succès.

— C'est **super!** ai-je dit à mon père. J'aimerais bien que Bobby s'empare de la rondelle et fasse une de ses montées au filet pour marquer un but juste devant nous.

— Ce serait fantastique! a dit mon père.

J'avais du mal à **rester en place** en attendant le début de la période de prolongation!

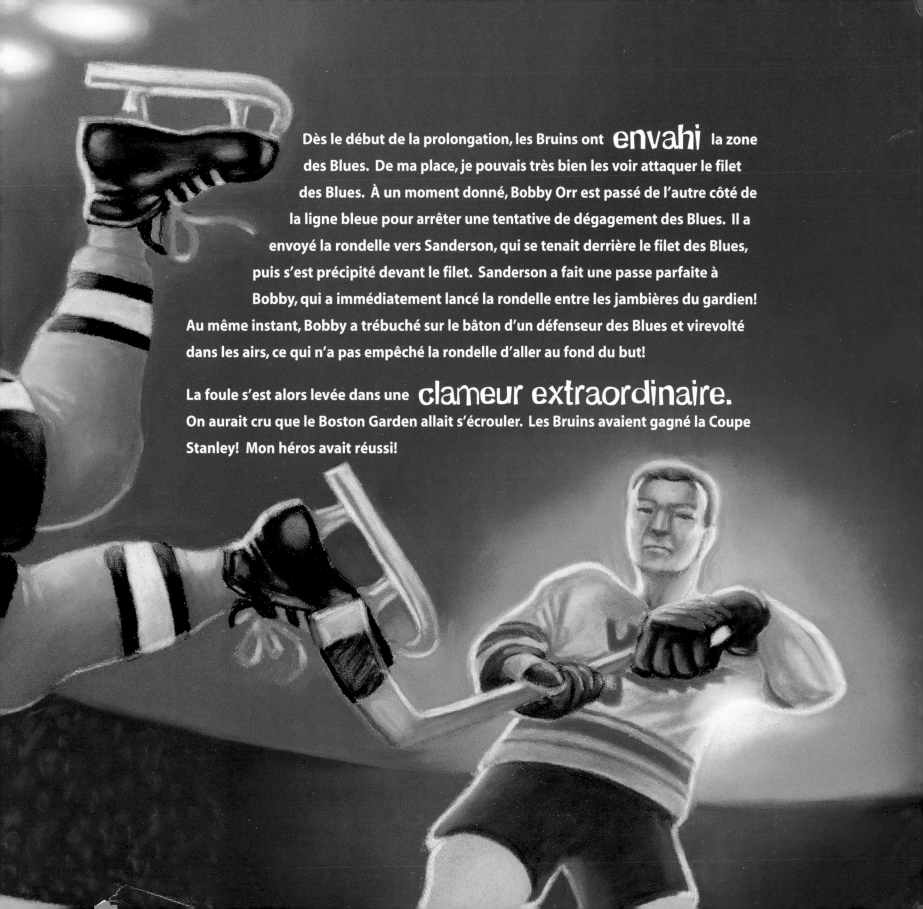

Dès le début de la prolongation, les Bruins ont **envahi** la zone des Blues. De ma place, je pouvais très bien les voir attaquer le filet des Blues. À un moment donné, Bobby Orr est passé de l'autre côté de la ligne bleue pour arrêter une tentative de dégagement des Blues. Il a envoyé la rondelle vers Sanderson, qui se tenait derrière le filet des Blues, puis s'est précipité devant le filet. Sanderson a fait une passe parfaite à Bobby, qui a immédiatement lancé la rondelle entre les jambières du gardien! Au même instant, Bobby a trébuché sur le bâton d'un défenseur des Blues et virevolté dans les airs, ce qui n'a pas empêché la rondelle d'aller au fond du but!

La foule s'est alors levée dans une **clameur extraordinaire.** On aurait cru que le Boston Garden allait s'écrouler. Les Bruins avaient gagné la Coupe Stanley! Mon héros avait réussi!

THE WOLF

Night Howler

Christian Havard

Photos by Jacana Agency

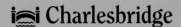 Charlesbridge

© 2006 by Charlesbridge Publishing. Translated by Elizabeth Uhlig.

© 2003 by Editions Milan under the title *Le Loup*
300, rue Léon-Joulin, 31101 Toulouse Cedex 9, France
French series editor Valérie Tracqui

Published by Charlesbridge
85 Main Street
Watertown, MA 02472
(617) 926-0329
www.charlesbridge.com

Library of Congress Cataloging-in-Publication Data
Havard, Christian.
  [Loup, brigand de bois. English]
  The wolf, night howler / Christian Havard ; photos by Jacana
Agency ; [translated by Elizabeth Uhlig].
    p. cm. — (Animal close-ups)
  Summary: "Describes the physical characteristics, behavior, habitat,
and life cycle of the wolf. Includes index"—Provided by publisher.
  ISBN-13: 978-1-57091-630-4; ISBN-10: 1-57091-630-6 (softcover)
1. Wolves—Juvenile literature. I. Jacana (Organization) II. Title. III.
Series.
QL737.C22H37813 2006
599.773—dc22   2005019625

Printed in China
(sc) 10 9 8 7 6 5 4 3 2

PHOTO CREDITS
JACANA Agency:
T. WALKER: cover, p. 6 (top), p. 10 (right), p. 11 (top), p. 15 (top right),
p. 18 (bottom), p. 19 (top left), p. 27 (bottom); E. BACCEGA: back cover,
p. 6 (bottom), p. 8 (bottom), p. 9 (bottom), p. 12 (bottom); S. KRASEMANN:
p. 3, p. 10 (bottom left); E. DRAGESCO: p. 4-5; J. LEPORE: p. 5 (top),
p. 22-23; T. DAVIS: p. 7; S. CORDIER: p. 8 (top), p. 11 (bottom), p. 18 (top),
p. 19 (right), p. 20 (bottom), p. 21 (top), p. 26 (top and bottom);
M. DANEGGER: p. 13 (bottom left), p. 14 (top), p. 15 (top left), p. 27 (bottom);
P. DARMANGEAT: p. 13 (bottom right); J.-P. VARIN: p. 14-15 (bottom);
U. WALZ GDT: p. 16-17; W. LAYER: p. 20 (top);
J.-M. VIARD: p. 24 (bottom); S. GRANDADAMS/HOAQUI: p. 24-25 (top);
D. LIPPMANN: p. 25 (right).

A. VISAGE: p. 9 (top), p. 21 (bottom).
PHO.N.E. Agency: J-P. FERRERO: p. 12-13 (top).
COLIBRI Agency: J.-Y. LAVERGNE: p. 25 (bottom).

THE CALL OF THE WILD

Day breaks over the sleeping countryside. The last of autumn's colors remain on a few bushes. Soon it will be winter.

Suddenly a gray silhouette emerges from the bushes. A long howl, then another, then a concert of howls shatters the calm. This chorus signals that the wolves are returning home.

Wolves live, hunt, and travel in groups called packs. Packs are usually made up of six to eight wolves. Each pack has an alpha male and an alpha female that lead the pack.

After hunting all night the tired wolves return to their den with full bellies. They rest in a small grove of trees in the middle of the forest. Some stay close to one another, while others lie alone in the underbrush. Sheltered from view, the wolves enjoy the first rays of sun as they rest. They are light sleepers, though, always alert to danger.

At one time wolves could be found in almost every habitat except tropical jungles and deserts. But human interference and loss of habitat have caused them to withdraw to more remote places.

4

Howling is a wolf's way of communicating with the rest of the pack. Wolves can also whimper, growl, and bark.

5

A PROUD PREDATOR

Wolves are powerful yet gentle animals. They are large, between four and six feet long and two to three feet high. Females weigh between 60 and 80 pounds, while males can reach 175 pounds. Wolves' fur comes in many colors: white, black, gray, and brown. All wolves have two coats of fur: protective guard hairs and an undercoat that insulates. They shed in spring and summer.

Wolves have 42 teeth, including two sets of canine teeth that each measure two inches long. They also have an amazing sense of smell that helps them in their hunt for prey. They can smell a herd of deer or moose from a mile away. Their distance eyesight is average, but their close-range vision is excellent. Their hearing is also very good. Wolves can hear as far as 10 miles away on a clear day.

A wolf's powerful jaw can crunch the hoof of a deer.

In winter a wolf's thick coat makes it look very large.

Wolves have yellow, almond-shaped eyes. Their night vision is extremely good, making them excellent nocturnal hunters.

SOCIAL ORDER

Mating season begins in January. The male wolves sense that the alpha female is ready to mate and become agitated. They fight among themselves more than usual. Each one tries to show his strength by wrestling and nipping at the others. Only the alpha male and alpha female will mate and reproduce, though. The dominant couple is affectionate. When the female is ready, they mate. It will be two months before the alpha female gives birth.

The alpha male is tender toward his mate. Even after the mating season, he caresses and nuzzles her.

Wolves in the same pack are close to each other. They tussle, chase each other, and lick one another's snouts to reinforce their bond.

The leader of the pack keeps his tail raised and his head high. The others face him with heads lowered and tails between their legs.

The other wolves are neither bullied nor unhappy. The young adult wolves are usually the offspring of the alpha male and female. They have their own hierarchy, or social order. These wolves are loyal to the dominant couple and will follow their lead.

When one wolf howls, the rest chime in. It's their way of showing that they belong to the same pack.

9

THE PACK

Wolves are social animals. Whether young or fully grown, wolves are always ready to have fun and play together. The pack also hunts, defends its territory, and travels as a group. If a wolf from another pack tries to invade, the pack will warn it off.

Between rest periods, the wolves sniff out the area to see whether any prey or wolves from another pack may be nearby. Every day they mark their territory. To mark its territory, the leader of the pack urinates on rocks and rubs against trees to leave its scent.

Members of a pack keep an eye on their territory.

Body language is an important form of communication among wolves. If threatened, a wolf will show its fangs.

Wolves are excellent swimmers. They will not hesitate to jump into water for a drink, to bathe, or to chase prey.

Wolves do not bury their dung. They leave it in full view, on a rock or a slope, to mark their territory.

The territory of the whole pack can vary from 20 to more than 1,000 square miles, depending upon the number of wolves in the area and the amount of available prey. Most packs are small, consisting of the dominant male and female, a couple of young adult wolves, and a few pups. Packs can have as many as 15 members.

ON THE TRAIL

In the afternoon the pack sets out on a journey under the command of the leader. It is time to eat.

Each wolf walks in the footsteps of the one before it. This reduces the energy it takes to walk in the snow and will be less tiring. With ears perked up and noses to the ground, each wolf tries to track down prey, such as deer or moose. Despite their well developed senses, this is often a difficult task because several animals' paths may cross one another. Nine times out of ten the prey escapes, and the pack returns home from the hunt with empty bellies. But wolves are hardy and do not have to eat every day. They can survive on just scraps for up to two weeks.

Packs often move single file to conserve strength.

When a prey is too hard to catch, wolves give up the chase. They then howl to each other and regroup before heading home.

In addition to moose and deer, wolves also feed on hares, rabbits, berries, and some insects.

Crows are often a sign that a cadaver is nearby. In this case wolves share the meal.

THE HUNT

Large prey such as deer are a rare treat. Silently, the wolves get as close as possible to their prey without being seen. Then, all of a sudden, two wolves launch the attack. The deer charge straight ahead. But they are soon forced to turn around, because the other wolves are blocking their way. The deer are surrounded. One female deer becomes frightened and runs in a different direction from the rest of the herd. The wolves focus their hunt on the lone deer.

Surrounded on all sides, the deer gives up, exhausted. She is pinned to the ground by the hungry wolves and killed. Now the rules of the pack come into play. The alpha male starts the meal along with his mate. When they are finished, the rest of the wolves can participate in the feast.

A male deer and some females graze together. Wolves will wait for a chance to hunt one of the deer.

Wolves can run about 30 miles per hour for up to 2 miles. They can travel 20 miles per day in search of food.

A young deer senses that wolves are near but waits until they attack before running.

A wolf's stomach can hold 10 pounds of food at a time.

WAITING

As spring approaches there is a new energy among the wolves. The alpha female becomes agitated. Within the last 60 days her belly has become round. She searches for a place to give birth.

She finds an empty den near water. Sometimes females choose a hole in some rocks or a cave. Wolves rarely dig their own dens. The whole pack surrounds the birthing den. Each wolf will help take care of the mother and her babies when they are born.

For a few days the mother-to-be will not associate with the other wolves. Holed up in the den, she leaves only to drink water. The pack does not abandon her. They bring her food, small prey or meat that has been pre-chewed. The whole pack waits for the big event.

While the alpha female prepares to give birth, the alpha male does not come near her. He waits for the pups to be born.

THE PUPS ARRIVE

When the babies are born, the mother wolf guides each one to her teats, which are full of milk. A litter is usually four to six pups, all blind and deaf, each weighing about a pound. Unable to stand up, they snuggle with each other against their mother and move only to feed. Their mother licks them in order to clean them and get them to move.

Wolf pups are small and have rough coats. Their large blue eyes will open when they are 2 weeks old.

Wolf pups feed on their mother's milk 4 to 5 times a day for the first 5 weeks of their lives.

Maternal instinct

To protect her babies from possible predators, the mother wolf transports them in her mouth to another place of shelter. The pups are dependent on their mother and the rest of the pack for food and survival.

After about three or four days, the father is allowed to enter the den. When the pups are about 15 days old, they can eat small pieces of meat regurgitated (spit up) by one of the adults. By this time they are alert and awake and can walk, stand, and growl. Three weeks after they are born, the pups venture outside the den. But if a branch cracks, they go running back inside. If one of them strays too far from the den, an adult wolf brings it back. There is a lot of teamwork within the pack.

A wolf pup's life is full of danger. Only half of the litter will survive to adulthood.

PLAYING TO WIN

During the day the pups play, chasing and biting one another. They test their strength and cleverness, preparing for life in the pack. They playfully attack the older wolves. The pups pull on the adults' ears, jump on them, and climb on their backs. When the play fighting gets too rough, the adult wolves stop it with a few swats. The little pups are tough, but they quit fighting when they are worn out.

Lynx (above), bears, and eagles are the main enemies of pups that wander off from the pack.

Once the pups are weaned from their mother's milk and leave the den, they can play among themselves. Now their mother can get some rest.

After one month the pups' heads become longer, and their eyes take on a golden color. Their coats change color, too.

After two months the pups start to be weaned from their mother, whose milk is running out. The pups eat more meat that the adult wolves regurgitate. They also eat from carcasses and begin to capture their own small prey. All the wolves participate in the feeding and teaching of the young pups. They also protect the little ones from being ambushed by predators.

Hungry cubs beg for pre-chewed meat by licking an adult's mouth.

GROWING UP

By the end of summer, the pups are fairly large and the alpha female has once again begun to hunt. In her absence, another member of the pack, male or female, will care for and protect the pups.

At four months the pups know how to work together to catch a rabbit. They will join the pack for their first nighttime hunt when they are about six months old. This is a rite of passage into adult life.

All the pups will stay with the pack for the first winter. Some will never leave. In the autumn some of them will leave and join another pack. This prevents them from mating within the pack, which would weaken the species. One of them may become the leader of its own pack if it proves that it is the strongest. In the meantime, the wolf participates in the pack and respects the leadership of the dominant couple. The forest echoes with the call of the wild.

Just as with adult wolves, the pups have a leader. He leads the games and adventures and decides who eats what.

THE BIG BAD WOLF

Wolves once occupied almost every habitat in the world except tropical jungles and deserts. Now, threatened by extinction, the wolf's future is in danger. The wolf is gone from 95 percent of its original habitat in the United States due to land development and illegal hunting.

The current world population of wolves is about 150,000. Today the only substantial wolf populations in the United States are in northern Minnesota and Alaska.

FEAR OF THE WOLF

The story of Little Red Riding Hood is told to scare children, but it does not accurately depict wolves.

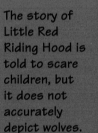

Children are often told the story of the "big, bad wolf" that eats Grandma and threatens Little Red Riding Hood. In reality wolves rarely attack humans. Some wolf experts believe this is because humans stand on two legs, much like bears—wolves tend to avoid bears. It's important to remember, though, that wolves are wild animals and should be respected.

RETURN OF THE WOLVES

In the 1960s a wolf conservation effort began in the United States. Wolves have been reintroduced to areas in the West where there is adequate prey and the wolf population can be protected.

WOLVES OR WILD DOGS?

Wolves kill to survive, not for pleasure. They take one kill at a time, carrying it to a secluded spot and completely devouring it. Wild dogs run through an entire flock, maiming and killing many sheep. Unlike wolves, wild dogs do not eat all the sheep that they maim, instead leaving them to die. Many farmers are still resistant to reintroducing wolves to areas where there is livestock. They fear that the wolves will attack the livestock like wild dogs. Farmers and the government are fighting an ongoing battle over this issue.

Wolves are shy. A human's presence usually keeps wolves away from livestock. But wild dogs, which are used to being around people, can be dangerous.

A workable solution

The Great Pyrenees dog is a mountain dog often used to herd sheep. An imposing breed, it stands two and a half feet tall and weighs more than 130 pounds. It chases away wild dogs and keeps away wolves, bears, and other threats to sheep. Many farmers use Great Pyrenees and other breeds of working dogs to help protect their livestock from predators.

WOLF COUSINS

There are three species of wolves: the gray wolf, the red wolf, and the Abyssinian wolf. Within these species there are also many subspecies. The wolf is part of the Canidae family. This family, whose members are generally referred to as canids, also includes jackals, foxes, coyotes, maned wolves, and dogs. All are carnivores, meaning they eat meat.

MANED WOLVES

Despite its name, the maned wolf is not a true wolf. It is one of the last of the large South American canids. Maned wolves hunt large insects and small rodents at night.

JACKALS

Jackals live alone or in pairs on the dry plains and wooded savannas of Africa. They are opportunistic and often follow larger predators in order to share in their prey. They eat gazelles and antelopes. Sometimes they approach villages to eat garbage or to capture poultry.

COYOTES

Coyotes are usually found in valleys, deserts, and mountains, but their range has expanded throughout North America. Weighing between 15 and 45 pounds, a coyote looks like a small wolf with a more delicate snout and longer ears. Coyotes live alone, in pairs, or in packs. They eat meat, fish, and vegetables, and hunt both day and night.

RED FOXES

Rather private and solitary, red foxes live on prairies, in wooded areas, and near farms. These hunters feed mainly on field mice and rabbits, but they also eat berries and insects. Red foxes can be found in most of the United States, Europe, Asia, and Australia.

FOR FURTHER READING ON WOLVES . . .

Evert, Laura. *Wolves*. Minnetonka, MN: NorthWord Press, 2000.

George, Jean Craighead. *Look to the North: A Wolf Pup Diary*. New York, NY: HarperCollins Publishers, 1997.

Harrington, Fred H. *The Red Wolf*. New York, NY: PowerKids Press, 2002.

Swinburne, Stephen R. *Once a Wolf: How Wildlife Biologists Fought to Bring Back the Gray Wolf*. Boston, MA: Houghton Mifflin, 1999.

USE THE INTERNET TO FIND OUT MORE ABOUT WOLVES . . .

The Maine Wolf Coalition
—Learn about wolves and what you can do to help save these amazing creatures.
http://home.acadia.net/mainewolf/index.html

Wolves (Canis lupus)
—The Bering Land Bridge National Preserve gives in-depth information about wolves, including the wolf's relationship with humans over time.
http://www.nps.gov/bela/html/wolves.htm

Eastern Timber Wolf (canis lupus lycaon)
—Kid's Planet offers facts about the endangered eastern timber wolf.
http://www.kidsplanet.org/factsheets/eastern_timber_wolf.html

Gray Wolf: Species at Risk
—The Sierra Club takes a look at this endangered species through the eyes of Lewis and Clark.
http://www.sierraclub.org/lewisandclark/species/wolf.asp

INDEX